Paul LAFARGUE

Le Problème de la Connaissance

Extrait de la *Revue des Idées* du 15 Décembre 1910

PARIS
BUREAUX DE LA REVUE DES IDÉES
26, RUE DE CONDÉ, 26

Paul LAFARGUE

Le Problème de la Connaissance

Extrait de la *Revue des Idées* du 15 Décembre 1910

PARIS
BUREAUX DE LA REVUE DES IDÉES
26, RUE DE CONDÉ, 26

LE PROBLÈME DE LA CONNAISSANCE

Des philosophes ont mis en doute la certitude de notre connaissance du monde extérieur, parce que, déclare Berkeley, les renseignements fournis par les sens sont douteux et parce que l'esprit, être immatériel, ne peut percevoir des objets matériels. Notre connaissance serait subjective ; nous ne connaîtrions que les idées que nous nous faisons des choses. La qualité et la quantité d'une chose, les causes qui la déterminent, sa modalité, ses relations avec les autres choses, son déplacement dans l'espace et sa succession dans le temps seraient des conceptions de notre intelligence, des formes de notre entendement. La causalité, l'espace et le temps seraient pareillement des conceptions nécessaires et universelles de notre raison, disent Hume et Kant. Les choses du monde extérieur telles que nous les percevons seraient des créations de notre esprit. Nous ne connaissons pas la substance des choses, d'après Hume, la chose en soi-d'après Kant. Les choses nous restent inconnues et inconnaissables.

Huet, l'érudit évêque d'Avranches, raillait Descartes, « ce soit disant inventeur de la vérité », parce que, après avoir débuté, avec une louable prudence, par douter de tout, il se fourvoie dès le second pas et affirme tout, alors que l'homme ne peut affirmer rien, car il n'est certain de rien, si ce n'est des vérités révélées par Dieu et enseignées par son Eglise. Le scepticisme Pyrrhonien, argument théologique ! On le rencontre jouant ce rôle chez Charron, l'ardent prédicateur de la Ligue : il était, selon lui, « un grand préparatoire » à foi ; pour « planter et installer le christianisme en un peuple mécréant et infidèle, ce serait une très belle méthode de commencer par ces propositions et persuasions, que le monde est tout confit, déchiré et vilainé d'opinions fantastiques, forgées en son propre cerveau ; que Dieu a bien créé l'homme pour connaître la vérité, mais qu'il ne peut la connaître de soi, ni par aucun moyen humain, et qu'il faut que Dieu même, au sein duquel elle réside, et qui en fait naître l'envie à l'homme, la révèle, comme il a fait (1) ».

(1) Charron, *Discours chrétiens*. 1600. La méthode est bonne. Kant et d'autres l'ont suivie pour retourner au Christianisme ; Socrate et Pyrrhon l'avaient appliquée pour s'accommoder du polythéisme païen, car, dit le fougueux catholique du XVIe siècle, « avec le doute il n'y aura jamais d'hérésies et d'opinions triées, particulières, extravagantes : jamais Pyrrhonien, ni Académicien ne sera hérétique, ce sont choses opposites. »

Mais arrive Pascal, qui déloge la certitude de son dernier refuge : la vérité révélée par Dieu.

« ... Les principales forces des Pyrrhoniens sont que nous n'avons aucune certitude de la vérité hors la foi et la révélation ;... puisqu'il n'y a point de certitude hors la foi, si l'homme est créé par un Dieu bon, par un démon méchant ou à l'aventure, il est en doute si ces principes (de certitude) nous sont donnés, ou véritables, ou faux, ou incertains, selon notre origine.

« ... Que fera l'homme en cet état ? Doutera-t-il de tout ? Doutera-t-il si on le pince, si on le brûle ? Doutera-t-il s'il doute ?, Doutera-t-il s'il est ? On ne peut en venir là ; et je mets en fait qu'il n'y a jamais eu de Pyrrhonien effectif parfait. » (*Pensées*, VIII,-§ 1.)

Des philosophes ont affirmé la réalité de notre connaissance. L'idéaliste Hegel soutient que si on connaît toutes les qualités d'une chose, on connaît la chose en soi ; il ne reste plus que le fait que la dite chose existe en dehors de soi et quand les sens ont appris ce fait, on a saisi le dernier reste de la chose en soi, l'inconnaissable *Ding an sich* de Kant. — Le socialiste Engels refute en économiste : « Du temps de Kant, notre connaissance des objets de la nature était si fragmentaire qu'il pouvait se croire en droit de supposer au delà du peu que nous connaissions de chacun d'eux une mystérieuse *chose en soi*. Mais ces insaisissables choses ont été les unes après les autres saisies, analysées et qui plus est *reproduites*, grâce aux progrès gigantesques de la science : ce que nous pouvons produire nous ne pouvons pas prétendre le considérer comme inconnaissable (1). »

Les mortels du commun ne sont pas tracassés par de tels doutes, s'ils savent que les sens les trompent souvent ; les philosophes à scrupules sur la certitude de nos connaissances ne le sont pas davantage, quand ils descendent des régions de la Raison pure et de la spéculation métaphysique dans le monde de la réalité. Les savants les ignorent quand ils étudient les phénomènes de la nature. Cependant depuis la renaissance du Kantisme, il est des hommes de science qui s'en inquiètent. Impatientés, plutôt que troublés par ces doutes, ils les envoient faire lanlaire et, avec Gustave Le Bon, ils déclarent que « la Science n'a pas à s'occuper des choses en elles-mêmes, c'est-à-dire des noumènes des philosophes, et à les opposer aux apparences, c'est-à-dire aux phénomènes révélés par nos sensations... Les réfractions créées par nos sens étant à peu près les mêmes pour tous

(1) F. Engels, *Religion, philosophie, socialisme*. Bibliothèque du parti socialiste.

les esprits bâtis sur le même type, la science peut les considérer comme des réalités et construire son édifice avec elles... Il lui importe peu de savoir si le monde tel que nous le percevons est réel ou irréel. Elle l'accepte comme il apparaît et tâche de s'y adapter... Nos connaissances sont à notre mesure et ne nous intéressent que parce qu'elles sont à notre mesure (1). » Le Bon met de côté le doute kantien, mais il ne le conteste pas ; au contraire, il le reconnaît. Félix le Dantec l'attaque en naturaliste et lui assène un coup mortel : « Le fait que nous sommes vivants et que notre espèce n'a pas disparu suffit à nous permettre d'affirmer que notre connaissance du monde extérieur n'est pas trompeuse et qu'elle concerne tous ceux des accidents ambiants qui intéressent la conservation de notre existence (2). »

Le doute sur la certitude de notre connaissance, qui depuis plus de deux mille ans préoccupe la pensée humaine, qui a acquis une si grande importance philosophique et qui est en recrudescence depuis la renaissance du Kantisme, est un des problèmes que doit résoudre la philosophie des sciences.

Je me propose dans cet article d'en rechercher les origines historiques et les causes déterminantes et d'essayer d'en donner une explication et une réfutation.

Le problème de la connaissance a été posé par les sophistes de la Grèce antique avec une hardiesse logique que n'eurent jamais les philosophes modernes qui l'ont remis en discussion. Ils questionnèrent et mirent en doute les connaissances qui nous parviennent par la voie des sens et ne respectèrent pas les concepts de la Raison pure.

Ils disaient, les sens ne nous renseignent pas exactement : une rame plongée dans l'eau paraît brisée ; la lune semble diminuer de grosseur à mesure qu'elle s'élève sur l'horizon ; une tour ronde devient plate vue à distance ; les arbres d'une allée se rapprochent à mesure qu'on s'éloigne d'une de ses extrémités ; un parfum agréable à l'odorat blesse le goût ; une peinture qui a du relief à la vue n'en a pas au toucher ; pour qui est sur un navire en marche les collines du rivage se meuvent ; une bille, roulée entre l'index et le médian, croisé sur l'index, donne la sensation de deux billes etc...

---

(1) G. Le Bon, *Edification de la connaissance scientifique*. Revue scientifique, 1er février 1908.
(2) F. Le Dantec, *les Sensations et le monisme scientifique*. Rev. Scient., 20 février 1904.

Les sens fournissent non seulement des données erronées, mais dissemblables selon les individus et selon les états d'un même individu : tel parfum agréable pour l'un est désagréable pour l'autre ; le miel paraît doux aux uns et amer aux autres ; Démocrite prétendait qu'il n'est ni doux, ni amer, et Héraclite qu'il a ces deux qualités ; on a froid quand, en hiver, on va à un banquet et chaud quand on en sort, etc...

Les objets ne nous étant connus que par nos sensations, nous pouvons dire comment ils nous apparaissent et non pas comment ils sont ; de quel droit supposer que nos perceptions sont plus conformes à la nature des choses que celle des animaux, soutenait Énesidème ; les animaux qui ont la prunelle allongée doivent avoir une autre perception que nous; le toucher n'est pas le même pour qui est revêtu d'une coquille, d'écailles, ou de plumes. La diversité des sensations est attestée par des faits : l'huile, bonne pour l'homme, tue les guêpes et les abeilles ; l'ellébore, poison mortel pour l'homme, engraisse les cailles et les chèvres; l'eau de mer, condition de vie pour les poissons, est nuisible pour l'homme qui y prolonge son séjour, etc.

Puisque nous n'avons connaissance des choses que par nos sensations, concluait Aristippe, disciple de Socrate, nous ne pouvons savoir si elles ont les qualités qui nous impressionnent ; nous avons les sensations du doux, du blanc, du chaud, mais nous ignorons si les objets qui les causent sont doux, blancs, chauds.

Protagoras, le sophiste génial, dont malheureusement nous ne connaissons les opinions que par quelques citations écourtées, disait: si l'œil est aveugle quand il n'y a pas d'objet coloré qui l'impressionne, l'objet est incolore tant qu'il n'y a pas d'œil pour le percevoir, donc aucun objet n'est ou ne devient en soi et pour soi, ce qu'il est ou devient; il ne l'est que pour l'individu qui le perçoit, et celui-ci naturellement le perçoit différemment selon l'état dans lequel il se trouve. Les choses ne sont pour chacun que ce qu'elles lui apparaissent et elles ne lui apparaissent que comme elles doivent lui apparaître d'après son propre état, par conséquent « *l'homme est la mesure de toutes choses*, de celles qui sont et de celles qui ne sont pas, pour ce qui est de savoir qu'elles ne sont pas ». Il n'y a pas de vérité objective, mais seulement une apparence subjective de vérité.

Le célèbre aphorisme de Protagoras est tout le thème de la philosophie subjective, la philosophie de la Bourgeoisie, la classe individualiste, par excellence, dont les individus mesurent tout à leurs intérêts et passions (1).

Le sophiste ne doutait pas de ses propres sensations, pas plus que Descartes de sa pensée; il était certain qu'il vivait, voyait la lumière, sentait le parfum de la rose; il ne doutait pas que la rose lui paraissait parfumée et la neige blanche; mais il ignorait si la rose avait du parfum et la neige de la blancheur; il ignorait également si la rose et la neige produisaient exactement la même sensation chez les autres; probablement non, puisque leur état était différent; comment dès lors être certain que les mêmes choses apparaissent semblablement à tous les hommes. Les mêmes mots sont employés pour exprimer des sensations dissemblables, observait-il : lorsque deux hommes prétendent ressentir la même sensation, aucun d'eux n'est certain que la sensation de l'autre soit semblable à la sienne, car il ne sent que d'après son propre état et non d'après celui de l'autre. On ne peut ni connaître les choses, ni communiquer à autrui les impressions qu'elles produisent sur nos sens; on échange des mots et non des sensations. Par conséquent il n'y a pas de connaissance valable pour tous, puisque toute connaissance ne repose que sur des sensations; il n'y a que des opinions, déclarait Protagoras, et il n'y a point d'opinion vraie et valable pour tous.

Les sophistes, conséquemment, professaient que l'individu ne doit pas accepter sans examen les opinions courantes, même lorsqu'elles sont léguées par les ancêtres; que chacun doit faire lui-même ses opinions, ne reconnaître pour vrai que ce qui lui paraît vrai et n'attacher de la valeur qu'à ce qui obtient sa conviction et lui offre un intérêt personnel quelconque. Ils jetèrent de la sorte les bases d'une nouvelle philosophie, où devait prédominer, ainsi que l'observe Hegel, le principe de la subjectivité. Ils préparèrent sa venue en devenant des éducateurs publics : ils enseignèrent ce qui était

---

(1) Kant reprend la thèse des sophistes grecs, sur l'incapacité des sens de fournir une connaissance des choses. « Le phénomène, dit-il, est quelque chose qu'il ne faut pas chercher dans l'objet en lui-même, mais toujours dans le rapport de cet objet au sujet, qui est inséparable de la représentation que nous en avons... Quand j'attribue à la rose *en soi* la rougeur et à tous les objets extérieurs l'étendue *en soi*, sans avoir égard au rapport déterminé de ces objets avec le sujet et sans restreindre mon jugement en conséquence, c'est alors que naît l'illusion. » *Critique de la Raison pure*, 2e section, § 8, traduction Barni.

Il avait dit, dans un passage supprimé de la première édition : « le goût agréable du vin n'appartient pas aux propriétés objectives du vin, c'est-à-dire, aux propriétés d'un objet, comme tel, mais à la nature particulière du sens du sujet qui en jouit. Les couleurs ne sont pas les qualités des corps auxquels on les rapporte, mais seulement des modifications du sens de la vue, affecté par la lumière d'une certaine façon ». — *Ib.*, 1re section, § 4.

utile pour parvenir et préconisèrent l'abandon des recherches sur la nature des choses, auxquelles s'était consacrée la philosophie primitive, parce qu'elles ne rapportent pas de profits.

L'Église, elle aussi, a fulminé ses foudres contre les sciences physiques, ces inventions de Satan. Les sophistes et l'Église représentaient en l'occurrence l'esprit de la Bourgeoisie, qui, ne recherchant en tout que le profit, n'a encouragé l'étude des phénomènes de la nature que lorsqu'il lui a été prouvé que la connaissance des forces naturelles et leur application industrielle étaient une source intarissable de richesses.

Socrate, le plus illustre des sophistes, selon Grote, contribua, plus que tout autre, à la mise en train de la philosophie subjective et à sa définitive séparation de toute science : il prit pour point de départ de son enseignement non la connaissance des choses, mais la connaissance de soi-même, la connaissance de son Moi. Platon, dans le *Phédon*, le montre disposé à expliquer le monde par l'homme ; contrairement à la philosophie primitive, qui, par sa direction et son contenu, était la philosophie de la nature et qui cherchait à expliquer l'homme par le monde.

Socrate ne demandait aux sciences que l'immédiatement utile à la vie pratique ; à la géométrie, ce qui était nécessaire pour mesurer les champs, à l'astronomie juste ce qu'il fallait « pour connaître les heures de la nuit, les jours du mois et les saisons de l'année ». Xénophon rapporte que, « loin de rechercher les causes des phénomènes célestes, il démontrait la folie de ceux qui se livraient à de telles spéculations. Ceux qui apprennent un métier, disait-il, espèrent l'exercer ensuite pour eux-mêmes et pour les autres ; ceux qui cherchent à pénétrer les secrets des Dieux (c'est-à-dire les mystères de la nature, croient-ils que, lorsqu'ils connaîtront bien les causes de tout ce qui est, ils feront à leur gré et selon leurs besoins les vents, la pluie, les saisons et d'autres choses semblables ? ou sans se flatter de tant de puissance, leur suffit-il de savoir comment cela se fait. » (*Mémoires de Socrate*, liv. I.)

Socrate considérait qu'il avait perdu son temps en étudiant les phénomènes de la nature : il recommandait de délaisser les choses — πράγματα —, pour les idées, — λόγοι — ; les réalités — ὄντα, — pour la vérité des réalités, — ἀλήθεια τῶν ὄντων. Les idées que l'homme se faisait des choses était cette vérité : la connaissance de l'idée de la chose dispensait de toute recherche sur sa nature. La connaissance du concept du cheval, disait Platon, enseigne les propriétés du cheval. Les concepts, selon lui, possédaient la réalité ; ce n'est pas la matière, mais l'idée dont elle reçoit sa forme, qui fait de chaque chose ce qu'elle est : par conséquent, l'idée représente la véritable réalité des choses.

Mais tous les sophistes ne partageaient pas cette haute opinion pour les idées de la Raison pure. Ils objectaient : on ne peut exprimer que les sensations de l'état dans lequel on se trouve, sans pouvoir rien affirmer sur ce qui est hors de soi, ni énoncer rien qui ait une portée générale, parce que les sens s'interposent entre le monde extérieur et la raison, laquelle est comme emprisonnée et ne peut sortir d'elle-même. Ils soumettaient à leur paradoxale et chicanière critique les idées de mouvement, d'espace, les définitions de la géométrie et les opérations de l'arithmétique (1).

Socrate plantait là les sciences physiques pour l'éthique, l'unique étude digne d'un homme libre : la morale, les mœurs, la coutume, la légalité, la justice furent en effet la constante et générale préoccupation des sophistes ; ils les passèrent au crible de leur impitoyable critique.

Gorgias se vantait d'avoir découvert que l'apparence a plus de poids que la vérité et Pyrrhon déclarait que l'apparence est reine partout où elle se présente : la théorie de l'apparence est celle que les sophistes vont appliquer à l'éthique. — Puisque les choses sont pour chaque individu ce qu'elles lui apparaissent d'après ses sensations, la vérité n'est qu'une opinion individuelle ; chacun doit tenir pour vrai ce qui lui paraît vrai et pour bien et juste ce qui lui paraît bien et juste ; car l'homme est aussi bien la mesure des choses du monde moral que des choses du monde physique. Les plus hardis

(1) Voici quelques échantillons de la critique sophistique.
Tant qu'une chose est dans un seul et même espace, elle est en repos ; or, une flèche, qui vole, est à chaque instant dans le même espace, elle est donc en repos à chaque instant de son vol, par conséquent, ainsi pendant toute la durée de son vol ; le mouvement de la flèche est donc apparent.
Si tout ce qui existe est dans l'espace, l'espace lui aussi doit être dans un espace et ainsi de suite à l'infini ; comme cela est inconcevable, rien d'existant n'est dans l'espace.
Les mathématiciens se moquent de nous quand ils parlent de couper une ligne droite en deux parties égales. La ligne étant selon eux composée de points, comment s'y prendraient-ils pour diviser en deux parties égales une ligne formée par un nombre impair de points, de 9, par exemple. On ne peut partager le cinquième point, qui n'a pas d'étendue, et si on ne le divise pas, les deux parties sont inégales.
On ne peut retrancher un nombre d'un autre, par exemple 5 de 6 : car pour retrancher une chose d'une autre, il faut qu'elle y soit contenue ; mais si 5 est contenu dans 6 ; 4 l'est dans 5 ; 3 dans 4 ; 2 dans 3 ; 1 dans 2 ; additionnez le tout et vous aurez 15 ; or 15 n'est pas contenu dans 6.

opposant la nature à la société, le droit naturel au droit légal, φύσις à νόμος, concluaient que chacun doit suivre ses passions et ses intérêts; et si les lois et la coutume s'y opposent, elles attentent à son droit naturel et lui imposent une contrainte à laquelle il n'est pas tenu de se soumettre et sans hésitation il doit les violer, s'il peut le faire impunément.

Le roi de Perse, parce qu'il pouvait satisfaire tous les caprices de son Moi, possédait le souverain bien et Archelaüs, parce qu'il s'était emparé du trône de Macédoine par la trahison et le meurtre, devenait un héros. *Moi l'unique* de Stirner et le prétentieux *surhomme* de Nietzsche sont les caricatures de ces idées de la sophistique grecque.

— L'individu devait se conduire, non d'après une morale générale et valable pour tous, mais d'après les convenances de son Moi. Le Moi était le commencement, le milieu et la fin de tout; il devint le point de départ de la nouvelle morale, dont le dogme fondamental: *Fais à autrui ce que tu voudrais qu'il te fût fait*, que rapporte Hesychius et que commente ainsi le sophiste Isocrate : « Ne fais pas aux autres ce que tu ne voudrais pas souffrir d'eux... Sois à l'égard des autres ce que tu voudrais que je sois à ton égard », fut repris par le christianisme, qui répète : « Ne fais pas à autrui ce que tu ne voudrais pas qu'on te fît. — Aime ton prochain comme toi-même. »

Les stoïciens qui affichaient la prétention de retourner à la nature, alors qu'ils rejetaient la primitive philosophie de la nature, pour la subjective philosophie de la sophistique, professaient que, pour être libre sous tous les rapports, le sage ne doit accepter aucune charge, ni aucun devoir vis-à-vis des autres ; il ne doit pas s'imposer le souci d'élever des enfants; il doit se suffire à soi-même et ne pas se soumettre à la servitude du mariage, quand il y a tant d'autres moyens de satisfaire les besoins sexuels. Le cynique, pour retourner entièrement à la nature, les satisfaisait en public. Zenon et Platon prêchaient la communauté des femmes.

Les sophistes attaquaient les institutions sociales ; Lycophon déclarait que la supériorité de l'aristocratie est imaginaire ; Alcidamas que l'opposition de l'homme libre et de l'esclave est inconnue à la nature ; d'autres que l'esclavage est contraire à la nature. La cité, la nation, l'Etat, disaient-ils, sont trop étroits pour qui a l'univers pour patrie. Le sage est citoyen du monde ; il ne doit appartenir ni à une cité, ni à un Etat, puisque à aucun prix il ne doit aliéner sa liberté et parce que de tout lieu le chemin qui mène à l'Hadès a la même longueur. Il est ridicule de se sacrifier pour la patrie : le sage qui a le monde pour patrie n'ira pas faire le sacrifice de sa personne et de la sagesse au profit des fous (1).

Socrate, n'osa pousser le doute jusqu'à ses dernières conséquences logiques, mais ainsi que Bentam, le théoricien de l'utilitarisme bourgeois, il faisait de l'utile la condition du bien et conseillait d'être vertueux, à cause des avantages que la vertu procure ; d'éviter l'adultère à cause des dangers auquel il expose ; de prendre part aux affaires publiques parce que le bien-être de la communauté profite à l'individu ; de cultiver l'amitié, idéalisée par la sodomie mutuelle, à cause des services qu'on peut en attendre, etc. ; cependant, contrairement aux autres sophistes, il identifiait la légalité au concept du juste, au point de refuser de se soustraire à un jugement qu'il considérait injuste pour ne pas violer la loi. Il avait pour règle, ainsi que Pyrrhon, de s'en tenir au sens commun et de faire comme tout le monde ; et c'est pour ne pas choquer l'opinion publique qu'il sacrifiait aux dieux dont l'existence pour les sophistes était tout aussi douteuse que la connaissance des choses.

Le doute des sophistes pour la véracité de la connaissance et leur dédain pour toute science de la nature aboutissaient à reconnaître le sens commun comme le guide du sage et le garant universel de ce que la connaissance humaine peut avoir de certain ; cependant, c'était contre les opinions courantes, qui étaient, à leur époque, des survivances d'un ordre social épuisé qu'ils étaient partis en guerre à la suite d'Héroclite.

Les premiers sophistes étaient originaires des villes commerciales de l'Ionie et de la Grande Grèce, où, dès le viie siècle avant Jésus-Christ, l'industrie et le commerce donnaient l'assaut à l'organisation communiste de la gens et de la famille patriarcale, substituaient la propriété individuelle à la communauté des biens et constituaient une classe nouvelle, la Bourgeoisie.

La famille patriarcale était une providence pour les nombreux ménages, vivant sous l'autorité despotique du Père, qui représentait les ancêtres : elle pourvoyait à tous les besoins matériels et intellectuels. Les récoltes de ses champs et le travail de ses esclaves nourris-

(1) Les chrétiens des premiers siècles, comme les sophistes grecs, se souciaient fort peu de leur patrie : l'évêque Prudence, du ive siècle, se réjouissait de ce que Rome avait vaincu tous les peuples et fait de l'univers une seule ville. Les poètes chrétiens des livres sibyllins du iie siècle nourrissaient au contraire une haine féroce contre les riches et contre Rome « la méchante ville qui a tant fait souffrir l'univers » ; ils saluaient d'avance sa ruine et souhaitaient d'en être les témoins. Le Christianisme, qui, au début, ne s'adressait qu'aux déshérités de la société, modifiait ses opinions à mesure qu'il conquérait les classes riches.

saient tous ses membres; le culte de ses ancêtres, son histoire, ses légendes, ses traditions et ses règles de conduite, qu'on ne discutait pas et qui les emprisonnaient, étaient leur pâture intellectuelle et morale.

A mesure que la classe des trafiquants et des manufacturiers s'enrichissait et s'accroissait, la classe des aristocrates patriarcaux s'appauvrissait et se réduisait. Les nobles, pour qui la guerre était l'unique moyen d'acquérir des richesses, n'avaient que haine et mépris pour les parvenus du commerce et de l'industrie, dont le poète aristocrate, Théognis, désirait « boire le sang noir ». Cependant ces individus si méprisés leur disputaient le gouvernement de la cité, les dépossédaient de leurs biens par l'usure et se liguaient avec les nobles déclassés, les artisans et les esclaves pour les expulser du pouvoir, les exiler et les exproprier. La guerre civile ensanglanta pendant des siècles les cités antiques.

La société individualiste que la classe nouvelle établissait sur les ruines de la communauté gentile et patriarcale n'avait pas de providence, et c'est pour combler cette lacune qu'on inventa la providence de Dieu : au lieu d'espérer son bien-être d'une collectivité familiale, chaque individu ne l'attendait que de la réussite de ses entreprises individuelles : délivré du despotisme patriarcal et livré à ses seules forces, il devait pourvoir à ses besoins matériels et intellectuels. Les sophistes se chargèrent de lui donner l'éducation qu'il recevait autrefois au sein de la famille; ils ouvrirent les premières écoles publiques et payantes ; ils enseignèrent tout ce qu'il fallait savoir pour faire son chemin dans la mêlée sociale, sans être gêné par la morale et les coutumes surannées du patriarcat.

L'homme, au lieu de perdre son individualité dans une communauté gentile ou patriarcale, dressait son Moi en face de la société; au lieu de tout rapporter à une collectivité, il ramenait tout à son Moi ; il était la mesure de tout, selon le mot profond de Protagoras. Les nouvelles conditions sociales posaient le principe de la subjectivité, d'où les sophistes déduisirent la philosophie subjective de la Bourgeoisie.

Aristophane et Anytus ont accusé Socrate de mépriser les Dieux et les coutumes léguées par les ancêtres, de corrompre les mœurs et de démoraliser la jeunesse; pareille accusation a été portée contre les autres sophistes. Cependant leur enseignement répondait aux besoins intellectuels et moraux de leur milieu ; il ne faisait que leur donner une expression philosophique. « Le peuple, dit Platon, est le grand sophiste, qui ne veut être contredit ni dans ses opinions, ni dans ses inclinations. » Il était en pleine décomposition morale. On se permettait tous les excès, rapporte Thucydide. La mauvaise foi était générale, on ne pouvait se fier aux serments les plus terribles ; la foule applaudissait les plus effrontées et les plus égoïstes maximes des orateurs, dont voici quelques exemples : chacun poursuit son intérêt selon ses moyens, sans jamais se laisser arrêter par le respect du droit; le triomphe du plus fort est la loi de la nature ; chacun mesure en définitive le droit et l'honneur à son avantage et plaisir, etc.

La mise en doute de la connaissance des choses et l'impudique rejet des notions de la morale privée et publique étaient les reflets intellectuels du bouleversement des conditions sociales que déterminaient les événements économiques et politiques qui transformaient la société antique.

Le doute, né avec la Bourgeoisie, s'installa à demeure dans sa philosophie. Descartes crut que son axiome, *je pense, donc je suis*, l'en expulserait : il aurait pu dire, avec autant de justesse, *je sens, donc je suis*. Il frappait à côté. Les sophistes n'avaient jamais douté de leur pensée et de leurs sensations, mais de la certitude des connaissances qu'elles procuraient. Le doute invaincu continue à fleurir dans la pensée philosophique : c'est fatal, puisque le doute est une des caractéristiques intellectuelles de l'individu bourgeois, qui vit dans l'incertitude du succès de ses entreprises commerciales et industrielles et de la continuité de sa prospérité.

A plusieurs reprises dans le cours de l'histoire de la Bourgeoisie, on a vu reparaître aux époques de transition le dévergondage moral des sophistes grecs, mais jamais il ne s'est affiché avec autant de cynisme.

*_**

La critique sophistique des impressions erronées et variables des sens n'a pas été réfutée et ne peut l'être ; tous les jours, de nombreuses et d'éclatantes preuves de l'infidélité sensorielle la confirment et la renforcent. La sagesse populaire l'appuie de son proverbe : des goûts et des couleurs il ne faut disputer.

Il y a quelques années, Blondlot, le célèbre physicien de Nancy, annonçait au monde scientifique la découverte des rayons N, dont on constatait l'apparition par une tache lumineuse sur un écran phosphorescent : de nombreux savants d'Europe et d'Amérique, tout aussi habiles expérimentateurs, les virent ; cependant ils durent finir par reconnaître que ces rayons étaient une illusion optique de ceux qui les avaient vus. — Tout le monde voit le soleil rayonnant de lumière ; les physiciens affirment qu'un aéronaute qui parviendrait à sortir de l'atmosphère terrestre le verrait noir. — Un professeur de psychologie, pour démontrer que le même objet impressionne différemment les individus, fit entrer, *ex abrupto*, au milieu de sa conférence, un arlequin qui exécuta deux ou trois pirouettes et disparut au bout d'une minute. Il demanda aux personnes présentes de mettre par écrit, sans se consulter, ce qu'elles venaient de voir ; il n'y eut pas deux narrations d'accord sur les gestes et le costume du paillasse. — Les dépositions judiciaires des témoins oculaires et auriculaires sont discordantes, quand elles ne se sont pas concertées ; lors du double assassinat de l'impasse Ronsin, dix témoins, dont six sergents de ville, gens du métier, habitués à faire des constatations sur les lieux des crimes, ne purent s'accorder sur la position du cadavre du peintre Steinhel : le domestique et un voisin l'aperçurent étendu par terre ; quatre policiers le trouvèrent à genoux, appuyé contre une porte ; un cinquième le vit adossé au mur, près du lavabo, etc. — Lorsque l'historien ne possède qu'un seul témoignage, le fait est enregistré positif, certain ; mais lorsqu'il existe plusieurs documents, il devient douteux dans ses détails et parfois dans son entier. Qui pourra débrouiller l'affaire Dreyfus, que tant de documents embrouillent ? L'histoire n'est pas une science.

Les concepts de la Raison pure, qui, pour Platon, étaient toute la vérité, n'étant que des interprétations cérébrales des sensations, sont forcément erronées, quand les sens fournissent au cerveau des données incorrectes. La Raison pure, en qui Kant logeait la certitude, paraît si incertaine que l'on contrôle et vérifie ses raisonnements par l'expérience « la source unique de la vérité », dit Poincaré dans *la Science et l'Hypothèse*. La Raison impure corrige la Raison pure. Les sens trompent la raison, qui à son tour les trompe ; et Charron de triompher : « Voyez quelle belle science et certitude l'homme peut avoir, quand le dedans et le dehors sont pleins de faussetés et de faiblesses et que ces parties principales, outils essentiels de la science, se trompent l'une l'autre. »

L'opinion publique et le sens commun sur lesquels tablaient Socrate et Pyrrhon dans l'antiquité et Thomas Reid et Royer Collard dans les temps modernes ne sont guère rassurants puisqu'ils se forment avec les sensations, si souvent fautives : parce que la vue illusionne sur la grandeur et la marche du soleil, l'opinion publique et le sens commun déclarèrent que le soleil tournait autour de la terre, située au centre de l'univers.

Les sophistes soutenaient que, puisque les sensations produites par un objet sont différentes selon les individus et les états d'un même individu, on ne peut édifier une science des choses. En effet, une science édifiée avec les seules sensations ne serait pas valable pour tous, elle serait personnelle et varierait selon les individus et à mesure que l'âge transformerait les sens de son édificateur.

Cependant, comme le proclame Le Dantec, nous sommes vivants et notre espèce n'a pas disparu; il faut donc qu'elle ait eu un minimum de connaissances du monde extérieur plus ou moins étendu et exact pour s'adapter aux milieux naturels et sociaux qu'elle a traversés. Il faut aussi que ce minimum de connaissances fût valable pour tous, puisque les hommes de race et de pays divers ont institué des organisations familiales et sociales, des formes de propriété et des modes de production semblables et évoluant dans la même direction; ils ont également élaboré un sens commun semblable, ainsi que le prouvent les proverbes populaires, qui, comme le remarque Vico, sont dans tous les pays de même substance, bien qu'ils soient exprimés dans des formes différentes. Pour qu'il y ait eu une évolution économique et sociale et un sens commun analogues chez tous les peuples de la terre, il a fallu que ce minimum de connaissances, valable pour tous, se développât à mesure que l'homme multipliait ses expériences.

Cette analogie, entraînant les mêmes conséquences, se prolonge jusqu'aux animaux, car « il y a un grand voisinage et cousinage entre l'homme et les autres animaux », dit Charron. Il est certain, ainsi que les sophistes le pensaient, que les yeux à pupille allongée de certains vertébrés et les yeux à facettes des insectes, ainsi que les yeux à cornée proéminente et à cristallin fortement convexe des myopes et les yeux à cornée et à cristallin aplatis des presbytes ont une perception dissemblable des mêmes objets ; cela ne les empêche de fournir aux animaux et aux hommes une semblable connaissance du monde extérieur suffisamment exacte pour leur permettre de se procurer les moyens d'existence, de défense, de protection, et d'élevage des petits. Les animaux et les hommes, parce qu'ils sont formés de la même matière, parce qu'ils ont une identique structure cellulaire de leurs organes et parce que, pour vivre et se perpétuer, ils ont fait un nombre infini d'expériences plus ou moins semblables ont dû par conséquent ressentir des sensations analogues et élaborer des connaissances semblables. Il est, par exemple, plus que probable que les animaux possèdent les premiers axiomes de la mathématique : l'âne, disait Diogène, sait, aussi bien qu'un géomètre, que la ligne droite est le plus court chemin pour aller au ratelier et à l'abreuvoir ; les pigeons ne commencent à couver que lorsque la femelle a pondu deux œufs, comme s'ils savaient que 1 plus 1 font 2 ; les moutons ont la notion du temps, ils connaissent aussi bien que le berger l'heure de rentrer au bercail ; les poules sans que la Raison pure y soit pour rien, ont la notion de l'espace et elles le démontrent par leur hésitation à s'élancer d'un perchoir élevé. Cette idée de l'espace n'est pas innée, c'est-à-dire instinctive ; on peut en observer facilement l'acquisition chez des chiens âgés de quelques jours. On est obligé de reconnaître que, malgré la diversité des sensations causées par les mêmes objets chez les animaux et les hommes, elles donnent lieu à une représentation intellectuelle semblable parce que les uns et les autres sont pétris de la même matière.

S'il est impossible de refuser un minimum de connaissances exactes aux animaux et aux hommes, il faut constater avec Freycinet « la singulière *adéquation* entre le monde extérieur et l'intelligence » que Parménide avait pressentie quand il disait que — *il n'y a que ce qui peut être, qui puisse être pensé* — et qui fait que « les algorithmes et leurs combinaisons, c'est-à-dire le langage mathématique, tel que les hommes ont su le créer, se prête merveilleusement à exprimer les opérations de la nature... Des formules imaginées pour des spéculations théoriques se sont trouvées après coup en exacte correspondance avec les phénomènes naturels et en sont devenues la traduction la mieux appropriée. » Qui pouvait se douter que la loi des surfaces sphériques, reconnues proportionnelles aux carrés de leurs rayons, serait un jour la loi de décroissance de la gravité et des autres forces rayonnantes ; que la série des nombres impairs représenterait les espaces parcourus par un corps tombant librement dans le vide, pendant les périodes successives de la chute ; que les propriétés des courbes résultant de l'intersection d'un cône par un plan diversement incliné sur l'axe, exposées il y a plus de deux mille ans par Apollonius de Perga, deviendraient les lois astronomiques de Kepler ? Et Freycinet ajoute : « Il est difficile de voir dans ces faits une pure coïncidence et d'attribuer au hasard d'aussi fréquentes rencontres. J'y trouve que l'intelligence humaine et la nature rentrent dans un plan général, en vertu duquel la première est admirablement disposée à comprendre la seconde (1). » Le plan général de Freycinet, qui supposerait un fabricateur de plans, pourrait bien n'être que la composition matérielle de l'univers, la même partout ; en effet, la matière pensante et la matière brute sont formées des mêmes éléments et c'est à cause de cela que l'intelligence humaine peut comprendre la nature. « L'esprit, être immatériel, disait avec raison Berkeley, ne peut percevoir les objets matériels. » La matière pensante le peut.

Ce minimum de connaissance, que l'on ne peut dénier à l'homme, n'est pas la science, mais il en est le prélude*: si, pour connaître le monde extérieur, il s'en était tenu seulement au service de ses sens, sa connaissance n'aurait guère dépassé celle des animaux, dont les sens sont plus parfaits, si ce n'est le sens tactile, extraordinairement développé par l'usage de la main.

La géométrte, par exemple, ne serait pas née, si l'homme n'avait inventé le bâton pour connaître la longueur et la largeur de ses champs, au lieu de se fier à l'œil pour les apprécier. Le bâton, dont les peuples primitifs se servent pour mesurer les terres arables, distribuées tous les ans aux familles de la gens ou du village, leur est d'une si grande utilité qu'il acquiert un caractère mystique : les paysans du *mir* russe le nommaient le *bâton sacré* et le déposaient dans l'église, et les Egyptiens avaient pris la *coudée*, unité de mesure des partages agraires, pour symbole hiéroglyphique de la Vérité et de la Justice ; tout ce qu'elle avait mesuré était vrai et juste.

Un bout de bois, un bâton, remplace un sens : dès lors la longueur d'un champ n'est plus une sensation de l'œil, incertaine et différente selon les individus, mais un multiple du bâton invariable ; ce qu'il mesure au lieu de donner lieu à des contestations, comme les appréciations de l'œil, est déclaré vrai et juste.

Nous connaissons les qualités ou propriétés des choses par les impressions qu'elles font sur nos sens : la sensation est notre première manière d'entrer en relations avec le monde extérieur et tant que dure le bas âge elle est notre seule manière de connaître les choses ; les sauvages l'emploient presque exclusivement ; de là, la supériorité de leurs sens. Mais les propriétés des choses impressionnent aussi les corps bruts. Le poids d'une chose se fait sentir sur le plateau d'une balance, comme sur notre main ; sa dureté, sa chaleur, sa lumière, etc., affectent les corps bruts comme notre corps

---

(1) De Freycinet, *Essai sur la philosophie des sciences*, 1875.

vivant. On peut donc définir la qualité ou la propriété d'une chose, *la puissance qu'elle possède de produire une action sur les corps animés et inanimés*.

La sensibilité des corps inanimés est même plus délicate que celle des corps animés : elle réagit à des propriétés des choses, qui, comme, par exemple, les ondes herziennes de la télégraphie sans fil, n'ébranlent pas nos sens, mais affectent un tube de limaille métallique ; nous ne pourrions apprécier la dureté des différents aciers, si nous nous servions de nos sens au lieu d'employer la bille de Brinell et le foret de Keep. Il s'en suit que l'on peut utiliser la sensibilité des corps bruts pour connaître les propriétés des corps, se servir d'une colonne de Mercure pour mesurer la température, du papier de tournesol pour révéler l'acidité d'un liquide, etc... Kant et les néo-kantiens commettent une grave erreur quand ils disent que nous ne connaissons les propriétés des choses que par nos sens. Ce ne sont plus les sensations incertaines et dissemblables de l'homme, qui fournissent les éléments de la connaissance scientifique, mais les sensations certaines et toujours semblables à elles-mêmes des corps bruts : si, quand on recourait seulement aux variables sensations humaines, il était impossible de connaître avec quelque exactitude la température de l'atmosphère, on la connaît exactement scientifiquement, depuis que la sensibilité invariable du mercure l'enregistre. — Deux astronomes, installés devant le même astre, en donnaient toujours des croquis différents ; tandis que la plaque photographique, « cette rétine du savant », ainsi que l'appelle Jansen, en reproduit l'image exacte ; comme elle a sur l'œil l'avantage d'être exclusive de toute interprétation personnelle et de garder fidèlement à trace des impressions accumulées, les astronomes substituent de plus en plus la photographie aux observations oculaires. — Le petit appareil de Maneuvrier, fondé sur la résistance électrique proportionnelle à la quantité d'eau d'un mélange vinique, décèle le mouillage des vins, mieux que le palais du plus fin dégustateur. — L'analyse cryoscopique permet d'apprécier le mouillage du lait par son degré de congélation et de diagnostiquer à distance l'état de santé de la vache laitière, ce que ne saurait faire le vétérinaire le plus expérimenté. — L'homme ne connaît le son de sa propre voix que depuis que le phonographe la reproduit ; et alors il ne la reconnaît pas, car il l'entend, comme les autres l'entendent, sans la résonnance de la tête.

La connaissance exacte et valable pour tous, parce que toujours identique, acquise par la substitution des corps bruts aux sens de l'homme, engage le médecin et le psychologue à les employer pour diagnostiquer les maladies du corps et étudier les qualités psychiques du Moi. Socrate disait : connais-toi toi-même ; le philosophe moderne ajoute : à l'aide de la matière non pensante.

La science remplace partout où c'est possible les sens du savant par des corps bruts. Il est des sciences où la substitution est presque complète : le chimiste ne se sert d'aucun de ses sens pour connaître les propriétés de l'acide sulfurique et des autres corps qu'il décompose et recompose. On pourrait lui ajouter ou lui retrancher un sens qu'on ne modifierait pas sa connaissance scientifique, car elle n'est pas une connaissance sensorielle, sujette à erreur et à variations, mais la connaissance de la matière par la matière inanimée, non sujette à erreur et à variations.

La production industrielle, qui autrefois précédait la science, lui emboîte le pas aujourd'hui : tant que pour son contrôle elle dépendait des sens de l'homme, elle était incertaine et la routine qui y présidait ne pouvait fournir aucune explication plausible des errements et des mauvaises fabrications ; elle est devenue certaine lorsqu'on eut recours aux instruments enregistreurs de toute sorte, depuis les plus simples (thermomètre, manomètre, etc.) jusqu'aux plus compliqués (voltamètre, ampèremètre, pyromètre, analyseur de gaz, calorimètre, etc.).

Le remplacement de la sensation de la matière humaine par la sensibilité de la matière brute permettant de connaître, par exemple, la température par le nombre des degrés de la colonne mercurielle, le son par le nombre des vibrations à la seconde, etc., transforme ce qui est qualité pour l'homme en quantité pour la matière. Cette transformation permet d'établir des relations numériques entre les phénomènes et change la nature de la connaissance. La connaissance qualitative d'un objet est sa connaissance relative à l'homme, et la connaissance quantitative d'un objet est sa connaissance relative à d'autres objets. L'homme n'est plus la mesure de tout, ce sont les objets qui sont les mesures des objets. Le principe de subjectivité, point de départ de la philosophie subjective de la classe bourgeoise, est remplacé par le principe d'objectivité.

Les sens, alors même qu'ils n'égarent pas, procurent une connaissance des choses extrêmement bornée ; ils ne signalent qu'un nombre restreint de leurs qualités : l'œil, par exemple, ne perçoit pas la dixième partie du spectre solaire ; son pouvoir de perception est infiniment inférieur à celui de la matière inanimée. Là où l'œil de l'astronome ne parvient pas à percer les ténèbres, en ces endroits déserts, que Herschell qualifiait de « sac à charbons », la plaque de gélatino-bromure d'argent fait surgir de nouveaux amas d'étoiles et de matière cosmique diffuse : à mesure que les plaques photographiques se sensibilisent, les connaissances astronomiques s'étendent à des abîmes de plus en plus profonds.

Nous ignorons les limites de la sensibilité de la matière brute ; celle des instruments scientifiques est limitée, mais elle se perfectionne et s'accroît tous les jours. Le thermomètre, qui peut à peine mesurer un centième de degré, nous laissait dans l'ignorance de phénomènes que le bolomètre fait connaître : cet instrument, basé sur la résistance électrique des métaux, influencés par la chaleur, pouvant mesurer le millionième de degré, révéla que le spectre solaire était plus étendu qu'on ne le supposait. La connaissance scientifique progresse, non pas à mesure que les sens se perfectionnent, mais à mesure que les méthodes d'utilisation de la sensibilité de la matière brute se généralisent et que les instruments de recherche et de contrôle se multiplient et se sensibilisent.

Mais la connaissance des choses restera toujours incomplète à cause de l'imperfection des sens et des instruments qui les remplacent et à cause de la méthode que nous devons employer pour les étudier.

Un objet n'est pas un produit spontané, il est déterminé par un concours d'innombrables faits antérieurs et concomitants ; il n'est jamais identique à lui-même : influencé par les innombrables objets de son milieu, il est dans un éternel devenir. Nous devons, pour l'étudier, l'abstraire de son milieu, le considérer comme invariable et examiner ses propriétés séparément les unes après les autres et ne pas tenir compte de leurs modifications et actions les unes sur les autres. Les sciences abstraites n'ont pas procédé différemment ; elles se sont procurés les objets de leurs études, — le point, la ligne, le plan, les nombres, etc. — en les extrayant, en les abstrayant du milieu ambiant et en les dépouillant de leurs qualités pour les transformer en êtres de raison, en êtres imaginaires n'ayant pas de réalité objective et n'existant que dans les cerveaux qui les pensent (1).

(1) Le nombre et la chose sont pensés ensemble par le sauvage : le pouce est pour lui un ; l'index deux ; la main cinq ; le pouce de l'autre main six ; les deux mains dix : les chiffres romains démontrent ce mode de numération ; 1 est le

Pour cette raison, les déductions spéculatives des mathématiciens ne relèvent pas des sens et ne sont pas sujettes à leurs causes d'erreur ; et lorsqu'elles sont logiquement enchaînées, elles sont valables pour tous, parce que conformes à la loi générale de l'esprit humain. Ainsi les géométries d'Euclide, de Riemann et de Lobawchewsky, bien que contradictoires, sont tenues pour vraies par les mathématiciens parce que leurs propositions sont logiquement reliées les unes aux autres.

Les sciences physiques, qui remplacent les sens humains par des corps inanimés, sont tout aussi valables pour tous que les sciences abstraites, parce que le savant n'analyse pas ses sensations ; il n'étudie pas les impressions des objets sur ses sens, mais sur d'autres objets ; il les enregistre et les classe pour en déduire des conséquences théoriques et pratiques, qui, pouvant être plus ou moins logiquement déduites, sont plus ou moins vraies et valables pour tous ; il ne raisonne pas sur les effets des objets sur ses sens, mais sur leurs effets sur d'autres objets. La connaissance, de subjective qu'elle était lorsqu'elle se fondait sur les données fournies par les sens, devient objective parce qu'elle se fonde sur les données fournies par les objets. La mordante et irréfutable critique des sophistes grecs, qui sape les fondements de la connaissance subjective, n'a pas de prise sur la connaissance objective.

Les sophistes, ces démolisseurs impavides de la connaissance subjective, par une inconcevable contradiction, prirent l'homme, dont ils contestaient la connaissance, pour mesure de tout et délaissèrent la primitive philosophie de la nature pour échafauder la philosophie subjective de la classe bourgeoise. Les hommes de sciences, qui ont créé la connaissance objective des choses, reprenant l'antique philosophie, dédaignée par les sophistes, élaborent de nos jours une nouvelle et grandiose philosophie de l'univers.

pouce ; V la main dont les doigts médians sont repliés, tandis que le pouce et le petit doigt sont redressés ; X sont les deux mains opposées. Quand il a fini de toucher et de nommer les doigts ; le sauvage passe aux orteils : un pied et deux mains sont quinze ; deux pieds et deux mains vingt ou un homme. Le nombre est pour lui une propriété des choses, comme la lumière, la chaleur, l'électricité etc., le sont pour le civilisé : il est ensuite détaché des choses pour devenir un être de raison, qui est traité comme une chose. Le point, la ligne, le plan sont également détachés des corps, dont ils sont les propriétés : le point est dépouillé des trois dimensions des corps, la ligne de deux et le plan d'une. Les mathématiciens travaillent avec ces êtres imaginaires, créés par la pensée au cours du temps, les combinent entre eux et analysent leurs combinaisons, comme les chimistes combinent les corps simples, donnés par la nature et analysent leurs combinaisons.

POITIERS

IMPRIMERIE DE *LA REVUE DES IDÉES*

(BLAIS ET ROY)

7, RUE VICTOR HUGO, 7

www.ingramcontent.com/pod-product-compliance
Lightning Source LLC
Chambersburg PA
CBHW070427080426
42450CB00030B/1819